DATE DUE

La ciencia de los seres vivos

¿Qué son los seres vivos?

Un libro de Bobbie Kalman

 Crabtree Publishing Company

www.crabtreebooks.com

Serie La ciencia de los seres vivos
Un libro de Bobbie Kalman

Para Debbie Wenger
por mantener mi vida en orden

Autora y editora en jefe
Bobbie Kalman

Editora ejecutiva
Lynda Hale

Editoras
April Fast
Heather Levigne
Kate Calder

Diseño por computadora
Lynda Hale

Coordinación de producción
Hannelore Sotzek

Agradecimiento especial a
Nicola Hill; Craig Eady; Victorian
Eady; Mark Jones;
Teva Wood; Megan Peters; Jody y
Justin Pepe; Danielle Kessel; y
Olivia, Adrien y Marianne Baude

Consultora lingüística
Lillian Guzman, B.A., Educación,
Maestra bilingüe para apoyo didáctico en Ciencias y Estudios Sociales

Fotografías
Andre Baude: página 21 (ambas)
Russell C. Hansen: página 24 (parte inferior)
Christl Hill: página 30
Bobbie Kalman: páginas 15 (recuadro), 17
Dwight R. Kuhn: página 19 (parte superior)
James H. Robinson: página 29 (parte superior)
Sylvia Stevens: página 19 (parte inferior)
Otras fotografías de Digital Stock y Digital Vision

Ilustraciones
Barbara Bedell: páginas 6, 8 (células y hojas), 9, 10, 11,
    13, 14, 18-19, 20-21, 23, 25 (parte inferior), 26, 28, 29
Antoinette "Cookie" Bortolon: páginas 8 (niño), 25 (parte superior)
Jeanette McNaughton-Julich: página 17
Bonna Rouse: páginas 4, 5

Traducción
Servicios de traducción al español y de composición
    de textos suministrados por translations.com

Crabtree Publishing Company

www.crabtreebooks.com   1-800-387-7650

En Canadá: Agradecemos el apoyo
económico del Gobierno de Canadá a través del programa *Book
Publishing Industry Development Program* (Programa de desarrollo de
la industria editorial, BPIDP) para nuestras actividades editoriales.

Cataloging-in-Publication Data
Kalman, Bobbie, 1947-
  [What is a living thing? Spanish]
  ¿Qué son los seres vivos? / written by Bobbie Kalman.
    p. cm. -- (La ciencia de los seres vivos)
  Includes index.
  ISBN-13: 978-0-7787-8760-0 (rlb)
  ISBN-10: 0-7787-8760-5 (rlb)
  ISBN-13: 978-0-7787-8806-5 (pb)
  ISBN-10: 0-7787-8806-7 (pb)
  1. Biology--Juvenile literature. I. Title. II. Series.

QH309.2.K2518 2005
570--dc22   2005014871
                                          LC

**Publicado en
los Estados Unidos**

PMB16A
350 Fifth Ave.
Suite 3308
New York, NY
10118

**Publicado
en Canadá**

616 Welland Ave.,
St. Catharines, Ontario
Canada
L2M 5V6

**Publicado en el
Reino Unido**

73 Lime Walk
Headington
Oxford
OX3 7AD
Reino Unido

**Publicado
en Australia**

386 Mt. Alexander Rd.,
Ascot Vale (Melbourne)
VIC 3032

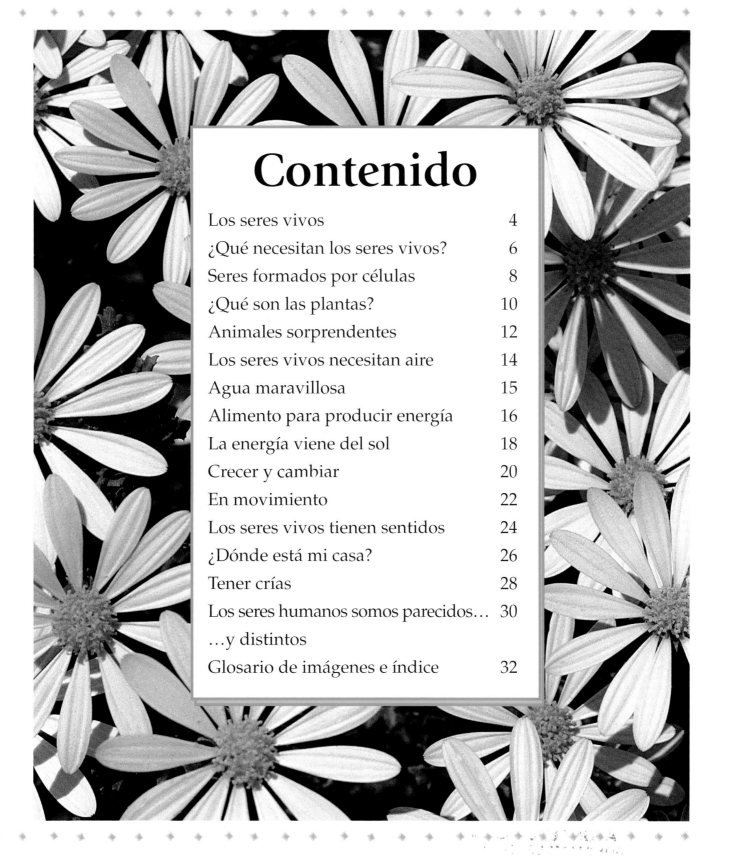

Contenido

Los seres vivos

Mira las imágenes de estas páginas. Algunas de las cosas que ves son seres vivos y otras no. ¿Cómo puedes diferenciarlas?

¿Las sillas respiran?

¿Las mesas comen?

¿El osito de peluche toma agua?

¿Los juguetes necesitan sol?

¿Los libros crecen?

¿Las computadoras tienen cría?

La respuesta a todas estas preguntas es no. Estas cosas no son seres vivos. Nombra todos los seres vivos que encuentres en esta ilustración.

Respuestas:
árboles, flores,
dos conejos, dos peces,
cinco plantas en macetas,
seis personas, un gato,
un perro.

¿Qué necesitan los seres vivos?

Los seres vivos necesitan aire, alimento y agua.
La mayoría de los seres vivos necesitan la luz
del sol. También necesitan un lugar para vivir.
Las plantas y los animales necesitan todas esas
cosas para sobrevivir.

Tú también eres un ser vivo. Necesitas aire, agua,
comida y sol. Los seres vivos necesitan a otros seres
vivos. Tú necesitas a las plantas y a los animales.
También necesitas a otras personas.

Seres formados por células

Todos los seres vivos están formados por células. Las **células** son tan pequeñas que no se pueden ver a simple vista. Se necesita un microscopio para verlas.

La mayoría de los seres vivos de la Tierra tienen una sola célula. Otros están formados por muchos tipos de células. Cada tipo de célula cumple una función especial.

Estas células verdes son células vegetales.

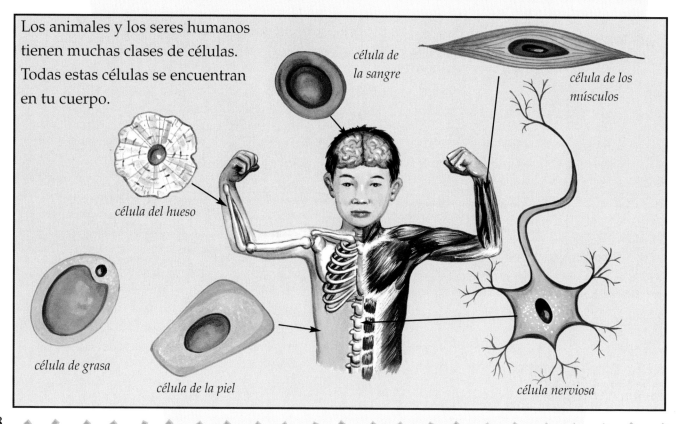

Los animales y los seres humanos tienen muchas clases de células. Todas estas células se encuentran en tu cuerpo.

célula de la sangre

célula de los músculos

célula del hueso

célula de grasa

célula de la piel

célula nerviosa

Hay cinco clases de seres vivos.
Cada cuadro de esta página
muestra una clase diferente.

1. Algunos seres vivos diminutos,
como las **bacterias**, están
hechos de una célula simple.
Las bacterias que pueden producir
enfermedades se llaman **gérmenes**.

2. Las amebas
también son seres
vivos diminutos
que tienen una sola
célula. A diferencia de las
bacterias, las amebas tienen una
parte central llamada **núcleo.**

3. Las setas y
los champiñones
no son plantas.
Son seres vivos
llamados **hongos**.

4. Los árboles,
los arbustos,
las flores y
las hierbas
son plantas.

5. Las aves, los insectos,
las serpientes y los peces son
animales. Los seres humanos
también pertenecemos a este
grupo de seres vivos. Menciona
otros animales que conozcas.

¿Qué son las plantas?

Las plantas son seres vivos. Son los únicos seres vivos que pueden producir alimento a partir de la luz, el aire y el agua. La mayoría de las plantas tienen raíces, hojas y tallos.

Las plantas viven en el suelo, la arena y el agua. Hasta pueden crecer en las piedras.

Las plantas producen un gas que las personas y los animales necesitan para respirar. Ese gas es el **oxígeno**. Las plantas también ayudan a limpiar el aire que respiramos. Absorben un gas llamado **dióxido de carbono**. El exceso de dióxido de carbono hace daño a las personas y los animales.

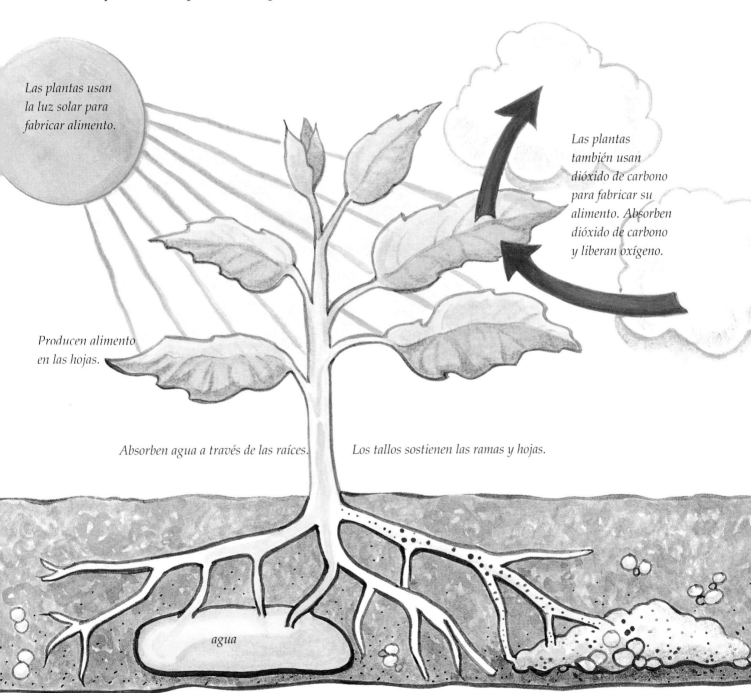

Las plantas usan la luz solar para fabricar alimento.

Las plantas también usan dióxido de carbono para fabricar su alimento. Absorben dióxido de carbono y liberan oxígeno.

Producen alimento en las hojas.

Absorben agua a través de las raíces.

Los tallos sostienen las ramas y hojas.

agua

Animales sorprendentes

Los animales pueden ser pequeños como pulgas o grandes como elefantes. Hay muchas clases de animales. Las aves, los murciélagos, los insectos, los peces y las ranas son animales.

Necesitan a las plantas y a otros animales. También necesitan un **hábitat** o lugar para vivir. Los animales viven en el agua y en la tierra. Viven en lugares cálidos y fríos.

Los animales que no tienen columna vertebral se llaman **invertebrados**. Pueden tener diferentes formas.

El cuerpo de las medusas está formado por estómagos y **tentáculos**.

Los calamares tienen tentáculos y una cabeza con ojos.

Las esponjas absorben alimento a través de agujeros.

Las estrellas de mar tienen cinco brazos.

Los insectos son los únicos invertebrados que pueden volar.

Los gusanos tienen cuerpo largo y delgado.

Los cangrejos tienen seis patas y pinzas.

Los animales que tienen columna vertebral se llaman **vertebrados**. Los animales de este recuadro son vertebrados.

Los osos y los ratones son mamíferos. Las hembras producen leche para alimentar a sus crías.

La mayoría de los peces viven sólo en el agua.

Las ranas son **anfibios**. Viven en la tierra y en el agua.

Las serpientes y otros reptiles tienen piel escamosa.

Todas las aves tienen pico y plumas.

Los seres vivos necesitan aire

La Tierra es el único planeta del sistema solar que tiene aire. El aire envuelve a la Tierra como una manta. Ayuda a proteger a los seres vivos de los rayos ardientes del Sol.

La Tierra es el único planeta del que sabemos que tiene seres vivos. Los seres vivos necesitan el oxígeno y el dióxido de carbono del aire para sobrevivir.

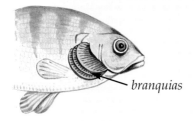

branquias

*Las personas y muchos otros animales respiran con los **pulmones**.*

Los peces viven en el agua. Absorben oxígeno a través de las branquias.

Este Necturus maculosus vive en el agua y respira a través de las branquias del cuello. También absorbe oxígeno a través de la piel.

espiráculos

*Los insectos respiran a través de **espiráculos** que tienen a ambos lados del cuerpo.*

*Las plantas absorben dióxido de carbono a través de agujeros llamados **estomas** que están en la parte inferior de las hojas.*

branquias

Agua maravillosa

Todos los seres vivos necesitan agua para sobrevivir.
Tu cuerpo necesita agua para transportar el oxígeno y
el alimento a todas las células. Para conservar la salud
debes tomar por lo menos ocho vasos de agua todos
los días. ¡No esperes a tener sed!

Alimento para producir energía

El alimento da **energía** a los seres vivos. Éstos la necesitan para respirar y moverse. Sin alimento, los seres vivos no podrían vivir mucho.

Con el alimento, tu cuerpo fabrica células para que puedas crecer. La leche, la carne, el pan, las frutas y las verduras son algunos de los alimentos que te ayudan a estar sano. Estos alimentos provienen de otros seres vivos. Las frutas, las verduras y el pan provienen de las plantas. La carne, los huevos y muchos tipos de leche provienen de los animales.

"¡Vivan las frutas!" Las manzanas y las peras son bocadillos saludables.

¿Tú comes comida chatarra como este demonio de Tasmania? La **comida chatarra** es comida que tiene mucha sal, azúcar o grasa. ¿Cuáles de las siguientes son comidas chatarra?

barra de chocolate

leche

tomate

pollo

papas fritas

helado

refresco

manzana

pirulí

17

La energía viene del sol

Tú obtienes energía de los alimentos que comes. La energía de los alimentos viene del sol. La energía del sol pasa de un ser vivo a otro dentro de una **cadena alimentaria**.

Las plantas usan la energía del sol para fabricar alimentos. Las plantas producen su propio alimento, pero los animales no pueden hacerlo. Los animales deben comer plantas u otros animales.

Algunos animales toman la energía del sol al comer plantas. Otros toman la energía del sol al comer animales que han comido plantas.

La col, el conejo y el lobo forman una cadena alimentaria. Las bayas, el ratón y el búho de la página siguiente forman otra cadena alimentaria.

La col usa la energía del sol para crecer.

El conejo recibe la energía del sol al comerse la col.

El lobo obtiene la energía del sol al comerse al conejo.

Las bayas de esta foto forman parte de una planta. Están llenas de energía del sol. Cuando el ratón se las come, obtiene esa energía.

Cuando el búho se coma al ratón también obtendrá la energía del sol. La energía del sol está en las bayas y éstas están dentro del ratón. ¡Muy pronto el ratón estará dentro del búho!

Crecer y cambiar

Las plantas y los animales aumentan de tamaño a medida que crecen. También cambian de otras formas. Las hojas de muchos árboles cambian de color en otoño y se caen de las ramas. Las aves pierden las plumas y les crecen plumas nuevas. Algunos seres vivos cambian cuando su hábitat cambia. Esta clase de cambios puede durar miles o millones de años.

Algunos seres vivos se parecen a sus padres al nacer. Otros pasan por grandes cambios mientras crecen. Estos cambios se llaman **metamorfosis**.

Las imágenes al pie de estas páginas muestran la metamorfosis de una mariquita.

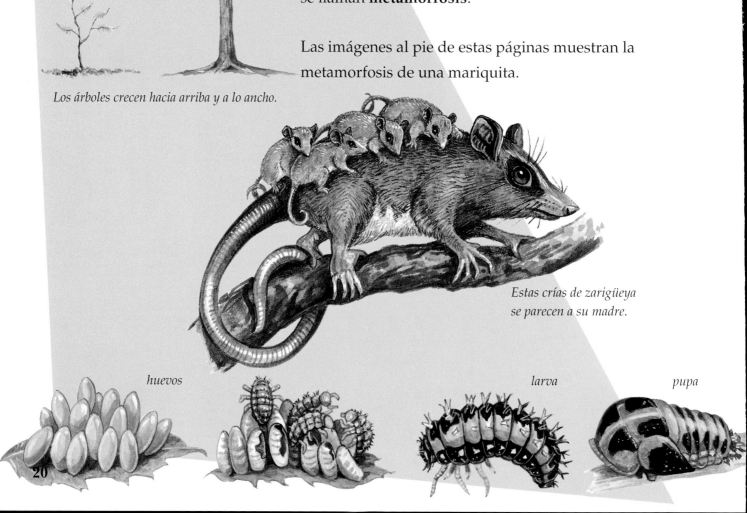

Los árboles crecen hacia arriba y a lo ancho.

Estas crías de zarigüeya se parecen a su madre.

huevos

larva

pupa

Cuando los niños crecen, su cuerpo cambia de muchas maneras. Las piernas y los brazos se alargan, y las manos y los pies se agrandan.

El pelo también crece y a menudo cambia de color. Los niños pierden los dientes de leche a los cinco o seis años. En su lugar salen los dientes permanentes.

La foto de arriba se tomó diez años después que la de la izquierda. Menciona los cambios que notas en estos niños. ¿Cuánto has cambiado desde que eras un bebé?

adulto joven

adulto

21

En movimiento

Algunos seres vivos se pueden mover y otros permanecen en el mismo lugar. Las plantas no pueden irse del lugar donde viven, ¡pero sí se mueven! De noche, las margaritas cierran los pétalos. Los girasoles se van volviendo en dirección al sol a medida que éste atraviesa el cielo durante el día.

Estas gacelas corren rápidamente y dan grandes saltos con sus patas poderosas.

Las crías del dragón de Komodo trepan a los árboles.

Los animales se mueven para obtener alimento, buscar pareja o escapar de los enemigos. Se mueven de muchas maneras diferentes. Los perros corren, las ranas y las pulgas saltan, las serpientes se deslizan, los peces nadan y la mayoría de las aves vuelan.

Los seres humanos pueden caminar, correr, nadar y trepar. También pueden moverse de muchas otras formas en que los animales no pueden. Para ir de un lugar a otro pueden andar en bicicleta, conducir autos, volar en aviones y andar en patineta.

Los seres vivos tienen sentidos

Los sentidos les ayudan a los animales a encontrar alimento y a evitar el peligro. La mayoría de las personas ven con los ojos, oyen con los oídos, huelen con la nariz, saborean con la lengua y sienten con la piel. Otros seres vivos usan los sentidos de otras maneras.

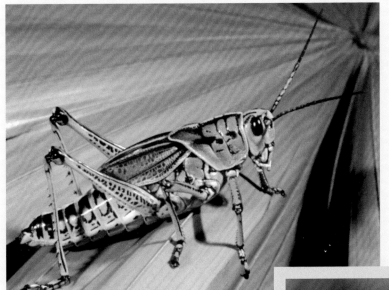

*Algunas mariposas y aves pueden **percibir** el momento adecuado para volar a lugares más cálidos.*

*Los saltamontes y otros insectos perciben el sabor con las patas y huelen con las **antenas**.*

(arriba) El topo de nariz estrellada vive bajo tierra. Para encontrar alimento usa unas antenas que tiene en la nariz como si fueran dedos.

(derecha) Las aves ven colores que otros animales no pueden ver.

(izquierda) Algunos murciélagos tienen ojos pequeños. Se orientan en la oscuridad produciendo sonidos y escuchando el eco.

¿Dónde está mi casa?

Hay seres vivos en todo el mundo. Las plantas crecen en lugares cálidos, fríos, húmedos y secos. Los animales viven donde crecen plantas. Las necesitan para alimentarse y también las usan como hogar. Viven en árboles, debajo de arbustos y entre la hierba.

Observa las pequeñas imágenes de esta página y menciona algunas plantas y animales que viven en cada lugar.

Este termitero tiene túneles y habitaciones. En él viven miles de termitas.

Algunos animales trabajan mucho para construir su hogar. Las aves hacen nidos. Las termitas construyen inmensos hogares llamados **termiteros**. Usan saliva y tierra para construir altas torres llenas de túneles. Las termitas viven en esos túneles.

Los seres humanos construyen los hogares más grandes y fuertes. Han construido casas y edificios en lugares donde antes vivían plantas y animales. A veces las personas olvidan que otros seres vivos también necesitan lugar para vivir.

Tener crías

Todos los seres vivos provienen de otros seres vivos.
Los seres vivos adultos **se reproducen**. Las plantas
producen semillas de las que nacen nuevas plantas.
Las aves ponen huevos de los que nacen las crías. Los
seres humanos tienen hijos.

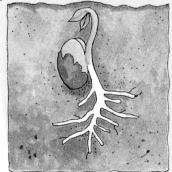

semillas

plántula

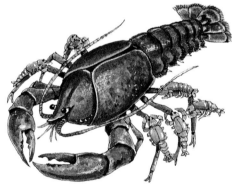

(arriba) Muchas aves, como la garza blanca real, son excelentes padres.

(arriba) Las crías de la cigala se aferran a las patas de la madre.

(izquierda) Las hembras de los mamíferos, como las yeguas, cuidan a sus crías durante mucho tiempo.

Los seres humanos somos parecidos...

En algunas cosas, los seres humanos nos parecemos a otros seres vivos. Estamos formados por células. Necesitamos aire, agua, alimento y luz. Crecemos, cambiamos, nos movemos y nos reproducimos. Igual que otros seres vivos, también morimos.

...y distintos

Hay muchas cosas que diferencian a los seres humanos de otros seres vivos. Los seres humanos podemos usar la mente para aprender y resolver problemas difíciles.

Usamos ropa. A veces la ropa es sencilla y otras veces, más elaborada o detallada. Usamos el lenguaje para hablar unos con otros. Muchas personas hablan más de un idioma. Podemos aprender a leer y escribir. Usamos la imaginación para dibujar y pintar.

Glosario de imágenes e índice

agua
6, 7, 10, 11, 12, 13, 14, 15, 30

aire
6, 7, 10, 11, 14, 30

alimento (y cadena alimentaria)
6, 7, 10, 11, 13, 15, 16-17, 18, 19, 23, 24, 25, 26, 30

animales
6, 7, 8, 9, 11, 12-13, 14, 16, 18, 20, 23, 24, 26, 27

bacterias
9

células
8-9, 15, 16, 30

crecer y cambiar
10, 16, 20-21, 30

crías
20, 21, 28, 29, 30

energía (del sol)
17, 18, 19

hogares
6, 12, 25, 26-27

luz del sol
6, 7, 10, 11, 14, 18-19, 22, 30

invertebrados
13

moverse
17, 22-23, 30

hongos
9

plantas
6, 7, 8, 9, 10-11, 12, 14, 16, 18, 19, 20, 22, 26, 27, 28

sentidos
24-25

seres humanos
7, 8, 9, 11, 14, 21, 23, 24, 27, 28, 30-31

vertebrados
13

1 2 3 4 5 6 7 8 9 0 Impreso en Canadá 4 3 2 1 0 9 8 7 6 5